小糖精的故事

胡美啦沙 著作
哈维尔 和 阿迪如呐 插画

小糖精的故事

山姆和糖虫

1

莱拉一直都是好好地照顾着自己的牙齿。她总是会在早上和晚上睡觉前一定刷牙。莱拉的哥哥，山姆，有时会偷懒，忘记刷牙，特别是在晚上。

一天晚上，山姆吃完晚饭，没刷牙就睡觉了。兰迪，一只可恶的小糖精，正在寻找食物，它非常饿。兰迪闯入莱拉的房间，但什么也没找到。兰迪找过了所有的房间，直到最后进到山姆的房间，"我闻到吃的了"，兰迪冷冷地笑着说。

可恶的兰迪跟随着气味来到山姆的嘴边。兰迪跳入山姆口中，并说道，"今晚我要大吃一顿！这些牙齿上粘了好多食物"！兰迪吃完饭后，身体充满了力气。它决定留在山姆嘴里。现在它不需要每晚找吃的食物了。兰迪开始在山姆的牙齿里面，盖起了自己的新家。

早晨，山姆急急忙忙地刷了自己的牙。如果山姆能够多刷一会儿，他可能会把可恶的兰迪小糖精从嘴中赶走。现在兰迪有更多的时间在山姆的嘴中盖自己的家了，它从食物中得来的力量使它长得更大、更壮。

一天晚上，山姆睡着了以后，兰迪邀请它的朋友来到家中。它们在山姆的嘴里大大的请了一场客。 突然间，山姆的牙齿开始痛起来。把山姆痛醒了。

"妈妈，我的牙疼，" 山姆哭着说道。

可怜的山姆一夜没睡。第二天，山姆的妈妈带他来见珍妮医生。

珍妮医生使用魔镜检查山姆的牙齿，她对自己看到的结果非常不满。兰迪和它的朋友们正在山姆的牙中玩耍。珍妮医生告诉山姆和他的妈妈她所发现的一切。

"这就是你牙疼的原因"，珍妮医生解释道。

珍妮医生说，"我会清洁你的牙齿，把兰迪和它的朋友们全部赶走"。她使用魔哨将大量的水喷进山姆的嘴中。小糖精和它的朋友们觉得房子在抖，很快就被水充满了。兰迪和它的朋友感到害怕，不知道发生了什么。

它们试着要逃跑，但是珍妮医生和苏西护士很快地抓到了它们。他们发现糖精们躲在 房子的边边上。一个接一个地，珍妮医生和苏西赶走了所有的坏糖精。珍妮医生弄好了，又补好了兰迪在山姆牙齿上蛀的所有的洞。

山姆很高兴兰迪和它的朋友不再住在他的嘴里了。从那天起，他一直每天都刷牙，刷得个够，把牙里所有的食物都刷掉。山姆在早晨和夜晚刷牙两分钟，他再也不允许坏糖精进到他的嘴里去了。

不要忘记剔牙，我喜欢躲在牙缝中间 - 兰迪

莱拉和牙仙

莱拉的牙齿松了，她等不及看它掉下来！她好奇，不知道牙仙会带什么给她。几天过去了，莱拉越来越不耐烦了。最后，有一天，牙齿终于掉了！

3

那天晚上，莱拉比平时早早地上床睡觉。她小心地把牙齿放在枕头下面，躺在床上，瞪着天花板。她太兴奋了，但是没过多久便睡着了。

这一晚，牙仙非常忙碌，到各个房间内收集牙齿。那天晚上，她来到莱拉的房间。轻轻地拿起牙齿，把它变成了一块美丽的银子！就在那一刻，牙怪加拉佐闯入房间。他想把牙齿变成黄金。

加拉佐说道，"哈哈哈，你还是忘记带你的魔杖了"！

"加拉佐，请不要抢走我的牙齿！你这样那些孩子们永远都长不出新牙齿了！"牙仙说道。

加拉佐大笑起来，将装满牙的袋子从她那里一下就抢走了。"我才不在乎什么人的牙齿呢！我只想要我的金子！哈！哈！哈"

吵声惊醒了莱拉, 她看到牙仙在哭泣。莱拉问她为什么难过。牙仙解释到加拉佐总是在试着偷她收集的牙，然后把牙齿变成黄金，但是只要她有魔杖，他们就无法拿走牙齿。但是因为今天需要到太多孩子的房间去收集牙齿，所以才就忘了拿魔杖。

"我们能把牙齿夺回来吗"？莱拉问道。

"我们必须一路飞到牙仙岛，拿到我的魔杖，然后在加拉佐毁掉所有的牙齿之前找到他"。牙仙回答道。

莱拉和牙仙决定找莱拉的朋友们一起来，帮助他们找到加拉佐。牙仙子把所有人聚到一起，用手一挥，给他们添了翅膀，他们大家就都飞到牙仙岛去了。神奇的牙仙岛到处都是收集牙齿的牙仙，把旧的牙齿变成新牙。

牙仙们欢迎莱拉和其他孩子们到来。他们已经厌倦了加拉佐不停地偷他们的牙齿。

"我们走吧，把牙齿夺回来"！一位牙仙说道 。

牙仙和孩子们开始寻找加拉佐。他们从一个地方飞到另一个地方，终于找到了邪恶加拉佐的城堡。

仙女和孩子们包围了城堡，并且偷溜进去。加拉佐正准备把牙齿放进一个大锅里。孩子们快快地把他逼到一个死角里，牙仙子用魔杖打击他。打得加拉佐再也不能动了。 孩子们跳到他身上，把他绑起来，然后锁在一个笼子里。仙女们拿回了所有被抢走的牙齿，而邪恶的加拉佐永远却被锁在城堡里啦！

后来，他们全部返回到牙仙岛。到这时候，牙仙们再也不用害怕任何坏家伙。牙仙们将所有的孩子飞回家。她告诉莱拉好好照顾她的牙齿。

"不要忘记在睡觉之前刷牙，不管你有多累哟。多吃水果和蔬菜，远离汽水饮料。我们喜欢收集干净的牙齿，那些没有糖精蛀过牙齿的孩子们，总是会得到额外的惊喜的"，牙仙笑着说道。

不要忘记多吃水果和蔬菜，远离汽水饮料

大拇指和兔耳朵

六岁的查理和他的双胞胎姐妹，玛丽，都喜欢吸拇指。他们的母亲不断地告诉他们不要再吸拇指，但是他们根本不听。

"如果你们再吸手指，你们就会变成兔子了"，妈妈说道。但是查理和玛丽不相信她，反而大笑起来。玛丽向查理低声说道，"太傻了！我们才不会因为吸手指就变成兔子！"

就像他们的母亲警告的一样，他们的身体慢慢地开始变了。他们的牙齿开始伸了出来，看起来很滑稽，耳朵越来越大。最后，有一天，他们真的变成了兔子！粉红鼻子，长耳朵，棉尾巴！

起初，这些根本惹不到查理和玛丽。他们对变成兔子感到非常兴奋，还很愉快地在公园里蹦蹦跳跳，整天都在后院玩耍。他们认识了新兔子朋友，他们的母亲在后院为他们建造了一个舒适的小屋。"这多有趣呀"！查理吹着牛说。

但是，过了一段时间后，他们开始感到孤单了。查理怀念他跟朋友踢足球，玛丽怀念跟朋友们一起打扮成公主的游戏。查理和玛丽不想再做兔子了。要是他们早听妈妈的话，就好了！.

他们抱在一起躲在大灌木丛下哭了起来。"玛丽，我们该怎么办"？查理喊道。"我们不能这样一辈子下去"。话刚从口里一溜出来，一位美丽的仙女就出现在他们的面前！

"你们两个为什么伤心"？仙女问道。查理和玛丽告诉仙女他们的故事。"我们的父母是对的，但我们没听他们的话"，查理说道。

"那么，你们接受教训了吗"？仙女问道。查理和玛丽认真地点了点头。"好吧"，仙女说道，挥了一下手中的魔棒，把他们重新变回了孩子的模样。查理和玛丽简直不敢相信！他们高高兴兴地答应仙女，永远不会再吸拇指了。

向仙女挥手说完再见，查理和玛丽就快跑赶回家。他们的父母看到他们是多么的惊讶，又多么的开心呀！他们把全部有关仙女的故事都告诉了母亲和父亲。

查理和玛丽请求父母帮助他们。那天晚上，在睡觉时，妈妈将大绷带绑在他们的拇指上，爸爸也把他们的胳膊肘包裹起来，以防万一。父母还将他们的兔子照片放在房间里，来帮助他们戒掉吸拇指的习惯。作 兔子是蛮好玩的，但是作 男孩和女孩的好玩，就更没完没了了。

听你父母的话

莱拉第一次看牙医

"牙医是什么，妈妈"？莱拉问。

"牙医是照顾你的牙齿的人，确保你有最好、最坚强的牙齿。牙医也可以确保没有小糖精住在你的嘴里"，莱拉妈妈说道。

在牙医的办公室，还有其他的孩子和父母们。

过了一会儿，苏西护士把莱拉和妈妈带进一个房间。这是一个美丽的房间，它让莱拉回想起了动物园。周围挂满了彩色动物照片。"莱拉，我必须为你的牙齿拍照"，苏西说。

苏西给莱拉看了看了相机。这是一个很大的蓝色相机，比莱拉家里的大得多。

莱拉坐在椅子上，苏茜给她盖上一个带有开心脸的围裙。莱拉拍了很多带有长颈鹿、熊和猴子的照片。

我要准备你的照片，现在你可以看一会儿电影，苏西说。

莱拉说，"这个地方还蛮有趣的嘛"！

过了一会儿，苏西带着莱拉來见珍妮医生。珍妮医生让莱拉躺在椅子上。 她有一个魔镜和一个特别的数牙机。

珍妮医生说，"我必须数一下你的牙齿，看看你有没有小糖精。

莱拉张开嘴，活像一条鳄鱼，这样珍妮医生就可以看清楚她嘴里的牙齿。

珍妮医生用魔镜检查小糖精，用数牙机算牙齿。弄完之后，她的脸上露出微笑。"莱拉，你有二十颗牙齿，都非常干净而且十分强壮。珍妮医生说，你口中没有小糖精"。

珍妮医生提醒莱拉说，每天早晨和晚上必须刷牙2分钟。她建议莱拉从一开始刷牙起就听她最喜欢的歌曲，一直刷到歌听完。 "晚上别忘了用牙线，小糖精喜欢躲在你的牙齿中间"。 珍妮医生说道。

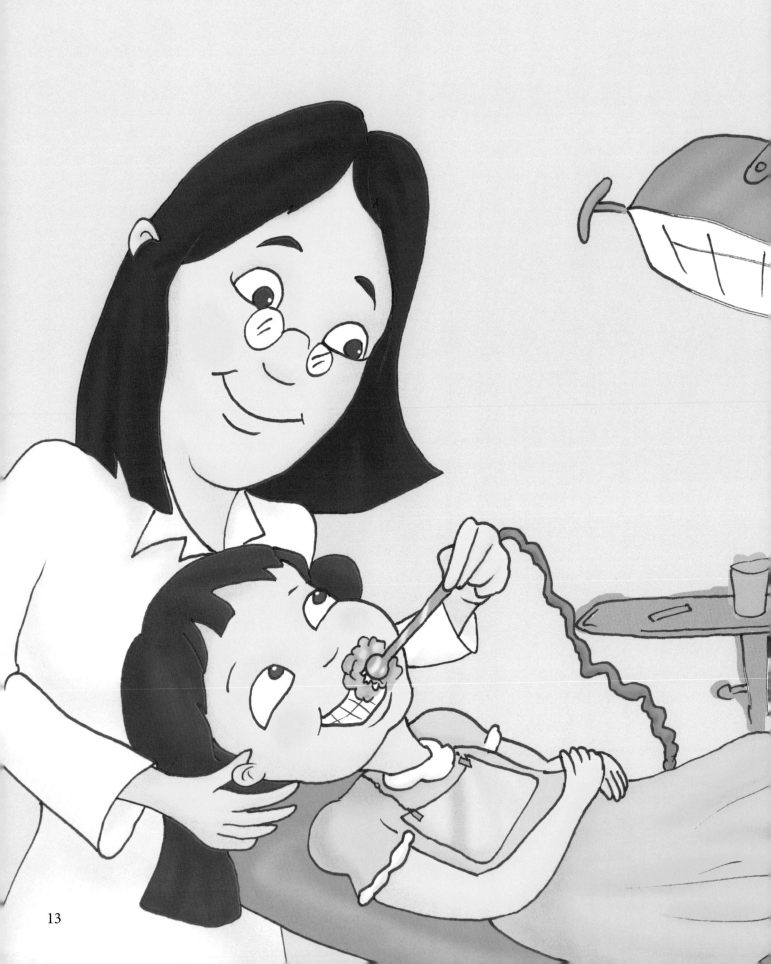

珍妮医生解释说，"莱拉，我现在要刷你的牙。"

"珍妮医生，你的牙刷和我的不同"，莱拉指出。

是的。这是一个非常特别的牙刷。它可以不停地转啊转，同时发出zzzzzzzzz的声音。你喜欢樱桃还是草莓口味的牙膏"？珍妮医生问道。

"我最喜欢樱桃"，莱拉高兴地说道。

就这样，珍妮医生用樱桃牙膏刷干净了莱拉的牙齿。

珍妮医生的牙刷很有趣。 它不停地挠着莱拉的牙齿，使莱拉大笑起来。现在莱拉已经刷完牙了，她可以挑选两个玩具和一个牙刷带回家。

"妈妈，我喜欢这个地方，还有牙医师！我想再回来看珍妮医师"，莱拉说道。"

哦，是的，我们肯定会再回来的"，母亲说道。

我第一次看牙医

（粘贴图片）

Made in the USA
San Bernardino, CA
27 April 2018